AF423684

Le RIEN du TOUT

Essai

Patricia Fosse

Éditions Épanouissance
©2015, Patricia Fosse
Version révisée en 2023
ISBN : 979-10-91267-21-2

Table des matières

Remerciements :
Merci au « groupe qui sert à rien » présent sur Facebook et à tous ses membres qui m'ont inspiré l'idée d'écrire cet essai. En particulier merci à Catherine, Armand, Clémentine, Sylvain, Jacky, Nicolas, Sylvie, Thierry, Claire et tous les autres avec qui nous avons plaisanté ou échangé sur ce thème de façon spontanée ou créative.

Information :
Les liens Internet de ce livre ont un renvoi vers la page « Codes » où ils sont traduits en images QR-code, afin d'être lisibles sur smartphone grâce à une application de lecteur de QR-code.

1- Préambule de rien du tout

Interviewer :

Q1 — Patricia Fosse, qui êtes-vous pour avoir choisi d'écrire sur le Rien[1] ?

> Je ne suis rien ni personne,
> portée par le vent de l'esprit, je raisonne
> parfois aussi je dé-raisonne,
> sur une feuille virtuelle en cet automne
> un méli-mélo de mots j'assaisonne
> de virgules, de points et de riens qui sonnent.

— Plus sérieusement je suis seulement quelqu'un qui aime écrire et réfléchir, enfin juste un petit peu plus qu'une blonde est censée le faire. J'aime aussi transmettre et partager des ressources pour aider les gens à s'épanouir. J'y ai déjà consacré une partie de ma vie professionnelle et je continue...

---

1 Rien écrit avec une majuscule désigne un concept ayant un sens plus vaste que celui du mot usuel.

2- Le Rien et la quête philosophique

Q2 — La recherche sur le rien, le vide, le néant s'inscrivent généralement dans une quête philosophique, vous inscrivez-vous dans une quête de cette sorte ?

— Oui tout à fait. Une sorte de quête du Graal, pour trouver une coupe en vermeil pleine de rien ! ... Non, bien sûr que non, je n'ai pas de prétention ni de revendication philosophique avérée.

Votre question m'interroge aussi sur cette idée souvent fixe qui voudrait que l'on soit obligatoirement un spécialiste dans un domaine défini pour avoir le droit de s'exprimer sur un thème déjà abordé et rigoureusement classé. Le Rien appartiendrait uniquement aux philosophes, les astres aux astronomes ou aux astrologues (lesquels se font d'ailleurs la guerre la plupart du temps), le sexe aux sexologues, les cheveux aux coiffeurs. Resterait l'amour pour les amoureux, la spécialité d'amourologie n'étant pas encore réglementée. Avis aux amateurs de secteurs en friche ou de nouveaux marchés !

Faut-il être un spécialiste pour écrire ou pour réfléchir à propos de la vie ? Si chaque être humain laisse à un conseil de spécialistes le soin de penser à sa place, l'économie, les finances, la santé, la philosophie de la vie, l'amour, etc., Il y a de fortes chances qu'il finisse par avoir la tête vide, remplie de rien ! Parce que ses neurones ne lui serviront pas à grand-chose. Chaque être humain a aussi le loisir de laisser son père, sa mère, son mari, sa femme, ou à tout membre de la famille penser et décider à sa place.

Dans ce cas, vous pouvez tout de suite mettre à la poubelle ou au tombeau le libre arbitre si cher, notamment à Jean-Paul Sartre. Vous pouvez aussi ranger sous le paillasson la clé de la liberté dont les philosophes, sans être les seuls non plus, sont assez friands. Et vous réduisez à zéro la probabilité d'un renouveau quelconque.

Peut-être que j'ai trouvé un rien « psychosophe » alors que je ne cherchais rien, il s'est présenté à moi et je lui ai dit : causons un brin, veux-tu ?

J'ai concrétisé cette idée d'écrire sur le Rien alors que j'avais rejoint, sur Facebook, un groupe intitulé « Le groupe qui sert à rien ». Et soudain j'ai réalisé combien c'était urgent dans mon moment présent d'écrire sur le Rien.

A l'opposé de la philosophie, selon une approche pragmatique, cela peut aussi sembler ne pas être sérieux d'écrire sur le Rien. Pourtant c'est un sujet intéressant qui mène à Tout !

Peut-être faut-il avoir la certitude intérieure que l'on peut réaliser quelque chose à partir de rien ou presque, comme ces entrepreneurs visionnaires : une idée, un papier et un stylo, l'utilisation des moyens que nos proches ou la société mettent à notre disposition comme l'Internet.

Peut-être faut-il croire aussi que tout a sa raison d'être y compris le Rien.
A priori je ne crois pas que le Rien ne serve à rien, je pose l'hypothèse que le Rien est utile, même vital. Dans ce sens là ce modeste essai ne peut pas se rattacher à la philosophie qui est censée ne servir à rien. Maintenant prétendre que certaines activités humaines sont inutiles est peut-être nécessaire voire indispensable en tant que revendication ou affirmation d'existence, en opposition à une société déséquilibrée qui aurait sombré dans un utilitarisme à outrance.

Cependant je souhaite avec cet essai faire prendre conscience aux lecteurs que le Rien est utile et nécessaire, même incontournable. C'est d'autant plus indispensable que notre société occidentale, est submergée par le trop plein.
Celui-ci conduit au gâchis, à beaucoup d'énergie dilapidée pour ramener l'excédent et les pertes à rien : à l'état de particules puis d'atomes.
Cet excès en est devenu insensé de par les dépenses qu'il induit. Il est dangereux, potentiellement porteur de chaos, par sa coexistence avec le manque.
C'est comme s'il existait des barreaux invisibles qui

empêchent ceux qui sont dans le manque d'accéder au surplus. Que sont ces barreaux ? Des règlements trop contraignants, parfois même absurdes – je pense aux produits frais non consommés et jetés à la poubelle, des résidus d'éducation trop rigoureuse qui n'ont plus lieu d'être dans un contexte différent.

Et si voulez faire un pas de plus, réhabiliter le Rien dans votre vie, vous créerez de l'espace chez vous et en vous pour ce qui est vraiment essentiel.
Le reste, le superflu, l'inutile ne fait que nous encombrer ou nous ralentir.

Je ne suis pas une « riendutoutiste absolutiste », je serais plutôt une « riendutoutiste relativiste ». Je ne milite pas en faveur d'une décroissance brutale non plus, même si comme de nombreuses personnes je trouve que nous sommes envahis par de nombreux objets inutiles. Je prône simplement l'épanouissement.
Il ne s'agit pas pas de passer du Tout au Rien non plus, ni de vous séparer de ce qui vous est indispensable ou nécessaire.
Je me représente plutôt le Rien comme un espace vacant servant à créer l'espace d'un renouveau procurant un niveau d'épanouissement supérieur et préservant de façon durable la qualité de notre environnement.

Loin d'être un encouragement à ne rien faire ou à la

fainéantise, ce livre est une incitation à trouver un juste équilibre. Dans un espace intérieur, en soi, il y a tant de qualités humaines sur lesquelles progresser sur le chemin de l'épanouissement.

Ce simple essai n'a pas vocation non plus d'être exhaustif sur le sujet. Différents liens vers des sites Internet ainsi qu'une bibliographie indicative sont proposés.

3- Les disciplines du Rien

**Q3 — Alors vous affirmez que le Rien
n'appartient pas à une discipline particulière ?**

— Je vous invite à conjuguer le verbe décloisonner :
je décloisonne, tu cloisonnes, nous décloisonnons…
A qui appartient le Rien Messieurs Dames ? Ah, ah,
ah…
Votre question revient à tenter de situer le Rien. Où
situer le Rien ?
Le Rien est-il partout, est-il nulle part ? Ou peut-il
être nulle part et partout à la fois ?
Vous remarquerez que le seul fait de se poser cette
dernière question et d'essayer de s'en faire une représentation mentale est une expérience d'ouverture, d'extension de votre conscience.

Cela me fait penser au « rien quantique ».
En physique quantique qui est une branche de la
Physique on parle de la probabilité de présence
d'une particule. Une particule électronique peut
être ici ou là, présente ou absente, présente _et_ absente dans une région délimitée.
Cette représentation surprend, pour le cerveau habitué à penser le « un » à la fois, c'est difficile à imaginer. Les films peuvent imager un peu cette idée
puisque des acteurs disparus sont encore vivants.
L'idée du clonage aussi.

Du point de vue de certains astrophysiciens dans l'espace il n'y aurait jamais rien mais une énergie informe qui dans certaines conditions mystérieuses pourrait s'organiser produisant des formes matérialisées.

L'origine de la matière, et donc de ce qui constitue l'univers trouverait sa source dans le vide quantique. Les scientifiques sont en train de déceler que dans l'espace vide il existe une forme d'énergie incroyable.

A ce sujet l'essai suivant peut vous intéresser : http://www.amazon.fr/Dieu-existe-t-il-scienti-fiques-philosophie/dp/2954107669 [1]

Les avis divergent sur la question du Rien selon la discipline et l'œil qui le regarde.

Notez que c'est plus facile avec le troisième... œil !

Différentes disciplines traitent du Rien : la médecine chinoise, la physique, les mathématiques, la philosophie, la littérature, la poésie, la psychologie.

Or je ne suis spécialiste d'aucune d'elle. Je n'y connais rien ou très peu de choses. Ce qui m'a naturellement donné envie de traiter ce sujet.

4- Le Rien et l'excès de tout

Q4 — Vous avez évoqué notre société de l'abondance et les excès de la consommation, quelle relation établissez vous avec le Rien ?

— Il s'agit de sauver le Rien avant d'être englouti par l'excès de tout !
Mettre le focus sur le Rien n'est pas une bouffonnerie mais une nécessité vitale de notre société.
La société de consommation nous fait acheter tant de choses inutiles. Avez-vous jamais tiqué ou sauté au plafond en lisant ce genre de slogan « Dépensez-moins en achetant plus » ? Les Shadoks ont envahi l'espace publicitaire. Pédalons plus vite pour avancer moins vite !

Pour faire connaissance avec les Shadocks ou les revoir, il existe un site.
La poste et les Shadoks
https://www.youtube.com/watch?v=hA1qrndjhnU
2

Parfois nous nous sentons obligés de faire un cadeau et nous ne savons pas quoi acheter. Nous voulons être polis, montrer que nous sommes bien élevés mais il arrive de verser dans le futile ou l'inutile. Alors nous achetons un cadeau dont l'autre n'aura pas besoin ou quelque chose qu'il a déjà.

Tout simplement parce que nous ne prenons pas une petite pause pour y réfléchir, ou nous ne prenons pas le temps de bien connaître la personne.
Souvent le consommateur se laisse influencer parce que qu'il doit posséder, c'est un must pour paraître bien, dans le vent, « *in* », « *up to date* », dans son époque. Ce vouloir paraître a malheureusement un coût exorbitant.

Il y a ce constat que nous ne pouvons plus nier : la planète souffre du trop plein : réchauffement climatique et pollution, catastrophes naturelles çà et là, et elle est réellement physiquement limitée. Vous pouvez penser que vous n'êtes pas responsable des décisions globales prises à l'échelle d'un pays ou de l'Europe, mais vous avez un pouvoir d'action à votre niveau. Vous pouvez faire en sorte qu'il soit positif pour vous et pour votre environnement...

Augmenter la productivité et les quantités de produits qui nous sont dommageables à plus ou moins brève échéance, uniquement parce que cela rapporte de l'argent, n'a pas de sens. C'est absurde. Cela revient à foncer droit dans le mur.
Ce qui doit être mis en œuvre c'est une production de qualité, et l'orientation vers une vie plus harmonieuse, plus épanouie.

Quelque part décider de créer le Rien peut sembler paradoxal mais en présence de surplus comment faire autrement ? Autrement dit cela revient à décréer le surplus. Quelle que soit la façon dont vous le formulez, il y a d'abord une prise de conscience et ensuite une action volontaire.

Quand des changements de structure s'avèrent nécessaires, ainsi que les dirigeants politiques le clament, le Rien est très utile à la déstructuration.
Mais attention, la déstructuration radicale et violente entraîne le chaos.
Détruire c'est réduire à rien, en général dans un laps de temps assez court, ce qui avait été construit au cours de nombreuses années. Alors que saupoudrer du rien dans une structure existante peut l'assouplir et permettre un changement progressif. En créant des espace-temps vides dans un ensemble, comme les trous d'une passoire, ces espace-temps vides peuvent faire respirer l'ensemble, permettre des transferts d'idées et de matière, offrir des plages pour y inclure des éléments de changements utiles.

Il y a le volume de choses matérielles et il y a la densité d'activité des êtres humains.
Est-ce que ceux qui ne veulent rien faire se comportent ainsi parce d'autres en font trop ? A un certain niveau global, l'on peut se poser cette question.
Ce ratio nous parle-t-il d'un déséquilibre ou d'une évolution de notre société où les machines ont beaucoup trop remplacé le travail humain ? Qui dit

travail différent de la période antérieure au développement de l'automatisation, ne dit pas forcément manque d'activité. Manquons-nous d'imagination ou sommes rigidifiés par des habitudes de pensées et de comportement dépassées qui nous empêchent d'imaginer occuper, autrement, le temps de vie humaine ?

5- Faire de la place

Q5 — Comment faire pour créer du rien, c'est à dire de l'espace vacant dans nos vies ?

— Il s'agit de faire de la place chez soi et en soi. Je vous propose les exercices suivants :

Exercices :
Posez-vous les questions suivantes et répondez-y honnêtement, face à vous-même.
Vous pouvez pratiquer l'exercice en couple. C'est une occasion de dialogue. Il faudra probablement négocier.
Installez vous confortablement de façon à rester tranquille un moment et observez votre intérieur.
Est-ce que ce qui est là sous vos yeux vous plaît ? Est-ce que cela vous apporte une sensation de beauté ou de bonheur ?

Pourquoi gardez-vous ce qui ne vous plaît pas ou ne vous plaît plus ?

Est-ce utile ?

Avez-vous des choses en double ou en triple, voire en décuple ?

Pourquoi gardez-vous ce qui ne vous sert pas ?

Trouvez dix choses qui ne servent à rien et qui ne vous apportent pas ou plus de bonheur particulier. Séparez-vous en. Si vous êtes vraiment encombré faites cela une fois par semaine.

Stoppez momentanément tout ce qui vient s'ajouter à ce que vous avez déjà.
Par exemple pour une pile de livres à lire, cessez de prendre de nouveaux titres jusqu'à ce que vous ayez tout lu ou effectué un tri. Ensuite prenez une heure pour réfléchir à ce que voulez lire d'important ou de plus intéressant.

Si dans votre emploi du temps vous ne prévoyez pas des moments, des plages sans rien, vous continuerez à fonctionner en mode automatique, à répéter machinalement ce que vous faites, ou bien vous êtes trop tendu pour avancer vers vos objectifs et vous passez à côté de ce qui est présent sur votre chemin.

Lorsque j'ai annoncé sur Facebook mon projet de livre sur le Rien, une de mes relations amicale a écrit :« Je fais du rien dans mes placards, pour apprécier vraiment ce que je possède. J'ai plus de mal avec mes livres qui sont des moments de ma vie, mais petit à petit j'y parviens. Chercher le rien et trouver autre chose que le néant (la mort !), pas simple ». (S. T.)

L'encombrement, le trop plein peut rassurer dans le sens où il apporte une sécurité illusoire.

Faire du tri, faire de la place peut amener à se confronter à l'idée de la disparition, de la mort et s'avérer angoissant. Il faut alors y aller progressivement, apprivoiser l'espace libre.

Prendre conscience de ce qu'il offre de possibilité de mouvement et de renouvellement. Il est préférable de ne pas se contraindre à faire trop de vide à la fois. Il n'est pas non plus pertinent d'attendre que l'encombrement soit devenu pesant, étouffant ou à peine vivable. Si vous en êtes arrivé à vous frayer difficilement un chemin pour slalomer entre vos affaires, il est urgent de procéder à un dégagement !

Voici une référence complémentaire d'ouvrage sur cette question :

« L'art de l'essentiel, jeter l'inutile et le superflu pour faire de l'espace en soi » de Dominique Loreau :
http://www.amazon.fr/Lart-lessentiel-linutile-superflu-lespace/dp/2290018554 [3]

6- Le Rien, le vide et le néant

Q6 — La personne que vous citez parle du Rien et du néant. Le Rien est-il le néant ? Ou le néant est-il le Rien ?

— Non bien sûr que les deux mots ne veulent pas dire la même chose. Le Rien est plutôt sympa surtout quand il est petit. Le Rien est facile à saisir. Il est déjà là un peu chaque jour dans les petites pauses que l'on s'accorde, dans ces entre-deux où l'espace s'ouvre de nouveau à plusieurs possibles. Mais le néant c'est déjà beaucoup plus impressionnant beaucoup plus dramatique. Se sentir anéanti ce n'est pas rien. Et s'en remettre réclame une bonne dose de vitalité résiduelle et de courage.

Le Rien évoque un espace vide.
Qu'est-ce que tu fais ? Rien. Absence d'action... Mais l'être est présent.

Une personne qui dit à une autre « tu n'es rien » voudrait que son interlocuteur ne compte pas, n'existe pas. Elle voudrait l'éradiquer de son paysage, le rayer de sa carte mentale, le renvoyer à une quantité négligeable. Elle souhaite qu'il n'existe pas ou qu'il n'ait jamais existé espérant par ce subterfuge annihiler l'émotion, le sentiment négatif que l'indésirable a réveillés. Elle rejette en même temps l'existence de cet autre. Elle voudrait bien le faire disparaître, le réduire à néant par le pouvoir de ces paroles de rejet : « de toute façon, toi tu n'es rien pour moi ».

Le néant est assimilé à la mort dans ce monologue du roi Hamlet de Shakespeare traduit par Voltaire :

> Demeure, il faut choisir
> Et passer à l'instant
> De la vie à la mort
> Et de l'être au néant.

Morte, la personne ne devient plus personne car la vie l'a quittée.

Curieusement le mot rien provient du latin *rem*, accusatif du nom féminin *res*, la « chose ».

Si le néant renvoie davantage à l'idée de la mort, il est un rien plus absolu, un rien vide de tout. Existe-rait il alors un rien plein ? Un rien plein de quelque chose ou associé à la probabilité de présence de quelque chose ?

Q7 — Les mathématiques ou les sciences physiques nous éclairent-elles sur la différence entre le rien et le vide ?

— En mathématiques il existe le zéro, l'ensemble vide, et le vecteur nul.

Zéro n'est pas toujours synonyme de rien. Un enfant compte ses bonbons. Il n'en a plus : zéro bonbon. Déception et fringale ! Mais autrefois le collégien qui avait zéro en français n'avait pas toujours rendu une copie blanche. Pour marquer la distinction, certains enseignants attribuent une note – deux points – à un élève qui a produit un effort de travail. Ils sont réservés à l'orthographe et à la présentation. Le zéro est « interdit » sauf pour copie complètement blanche (impossible d'évaluer la maîtrise de la langue ou la présentation).

Pourquoi a-t-on inventé le zéro ? Pour faciliter les calculs.
En arithmétique usuelle le zéro qui accompagne un autre chiffre ramène le compteur des unités, des dizaines, des centaines... au point de départ du rang suivant.

En informatique binaire le zéro ne signifie pas absence d'information. C'est une valeur logique opposée à 1. Zéro signifie faux et un signifie vrai par exemple. Cette valeur sert à dénombrer quand on compte en base binaire comme en base décimale. Zéro, au même titre que un, sert à qualifier une proposition en mode logique.

Dans la théorie des ensembles on trouve l'ensemble vide noté par un rond barré comme ceci : ⊘ ou comme cela : { }.
Il semble ne servir à rien. A quoi pourrait-il servir ?
Il sert donc probablement à être rempli par d'autres ensembles débordant de trucs inutiles ! Je plaisante. Voici ce qu'en dit Wikipédia :
« L'ensemble vide ne correspond pas à rien ; c'est en fait un ensemble qui ne contient rien, mais en tant qu'ensemble il n'est pas rien. Ce point est souvent difficile à saisir au premier abord. On peut, afin de mieux comprendre, comparer un ensemble à un sac : un sac vide est vide, mais le sac en lui-même existe. »
Le sac à main d'une femme possède la réputation, peut-être pas complètement usurpée, d'être rempli de trucs inutiles ; cela vous laisse imaginer à un niveau plus abstrait l'utilité avérée de l'ensemble vide. Je n'épiloguerai pas davantage...

Pour nous expliquer les vecteurs et en particulier le vecteur nul quand j'étais au collège, mon professeur de mathématiques nous montrait que de se déplacer d'un vecteur nul revenait à rester sur place ou à revenir à la même place. En effet visualisez que vous vous déplacez d'un vecteur (en avançant de trois pas par exemple) puis du même vecteur de sens opposé (en reculant de trois pas sur la même ligne imaginaire). S'agissant d'un déplacement, donc d'une force en mouvement, le vecteur nul désigne l'immobilité.

Le zéro du thermomètre indique la température de la glace fondante à la pression atmosphérique standard.
Si vous plongez vos mains dans un bac d'eau à zéro degré vous constaterez que ce n'est pas rien, et pas très agréable non plus !

Si vous faites appel à vos souvenirs de lycée en sciences physiques expérimentales vous vous souviendrez peut-être d'une expérience où il s'agissait de faire le vide. Cela signifie que l'on aspire une certaine quantité d'air : c'est un vide relatif car on n'arrive jamais à le faire complètement.
Le vide absolu n'existe pas. Même le vide intersidéral contient une pléiade d'atomes épars et autres particules « exotiques » !

L'extrait suivant du magazine Sciences et Avenir paru en août 2014 (n° 810) aborde de façon condensée la relation hypothétique entre le début de l'Univers – le Big Bang – et le Rien.

De l'univers et du Rien, d'après Étienne Klein
« Imaginer une époque antérieure au Big Bang

semble aussi absurde que de se demander ce qu'il peut bien y avoir au nord du pôle Nord. Dans les deux cas, la réponse qui paraît s'imposer est : rien. Il ne pourrait exister, par définition, de période avant la naissance de l'Univers, de sorte que la question de savoir ce qui a pu s'y passer est vide de sens, de la même façon que s'il n'y a rien au nord du pôle Nord, c'est parce que la région à laquelle on fait ainsi allusion n'existe pas, ou encore que les mots dont nous disposons – « exister » notamment – sont impuissants à en dire les contours. Si on voit dans le Big Bang l'amorce de tout ce qui est, on tombe immanquablement sur une autre question métaphysique, celle de savoir ce qui a bien pu le dé-clencher au milieu de nulle part. »

Q8 — Le Rien, n'est pas rien. Il mérite donc que l'on s'y intéresse !

— Je dirais même mieux, il mérite qu'on le considère.

Considérez le Rien, comme du haut d'une falaise contempler le mer et le ciel, sans craindre de tomber ou de se dissoudre dans cet espace infini, rassuré par l'horizon qui le borde inexorablement et éternellement.

Considérez un être vivant : vous, moi ou quelqu'un d'autre. Déshabillez-le et ôtez-lui tous ses biens. Tout le monde sera d'accord pour dire qu'il n'a plus rien.

Pourtant il possède encore ce qui est le plus précieux, la base de tout : sa vie. Sa vie, la capacité de se mouvoir et de changer sa situation en se confectionnant des habits, en allant se nourrir.

La capacité d'interagir avec son milieu, de communiquer avec d'autres êtres humains, de ressentir des sensations, des émotions. Tout cela n'est pas rien.

Partir de rien pour atteindre le rêve qu'ils se sont fixés, c'est à chaque fois le défi que se lancent les deux amis Nans et Mouts dans l'émission « Nus et culottés ». Les épisodes sont diffusés sur France tv.

Revenir à un certain niveau de Rien, de vide, n'est ni un sacrifice, ni une privation, c'est se focaliser sur l'essentiel, sur ce qui est important pour soi.

7- La psychologie du Rien

— Tout dépend de leur niveau de conscience. Avec cette question nous abordons l'aspect psychologique du Rien.

Parlons d'abord de ceux qui ne disent rien – ou presque.

Au travail et parfois même dans la vie, pris dans le tourbillon d'une course insensée après le temps, les personnes se parlent à peine et parfois avec peine. L'objectif ? Produire plus et gagner plus. Mais le mieux est parfois l'ennemi du bien. Ces gens pressés balancent des informations ou des consignes, sans explication, signifiant à leur collègue, partenaire ou proche, de se débrouiller avec ces bribes de communication. Communication morcelée, communication abrégée, communication amputée, à tel point que l'on se demande s'il s'agit encore de communication humaine.
Si l'autre « percute » tant mieux. Si l'autre ne comprend pas tant pis. L'avis en retour, qui valide la compréhension du message et conforte donc l'échange verbal, faute de temps, passe lui aussi à la trappe.

Donc il ne faut pas s'étonner que ce genre de communication devienne du grand n'importe quoi !

Avec au bout, une perte de temps, avec en plus le déficit d'un besoin humain : celui d'être en contact avec d'autres êtres humains. Prendre le temps d'expliquer en quoi consiste le travail qui est donné à faire, prendre aussi le temps de parler de choses et d'autres, construisent la relation humaine professionnelle, ainsi que l'être humain qui y participe. Ce qui est complètement différent d'une relation basée sur l'utilité productive où l'autre est plutôt considéré comme un objet que comme un sujet.

Ceux qui ne disent rien ont aussi cette attitude silencieuse parce qu'ils pensent qu'ils n'ont rien d'intéressant à dire. Ils peuvent être découragés, leurs paroles ou initiatives n'ayant pas été prises en compte.

Il y a aussi ceux dont le mutisme s'enracine dans de lourds secrets de famille. Pour eux, parler comporte le haut risque de trahir ou de mourir. Pour eux, parler est viscéralement trop dangereux.

Leur déficit de mots est compensé par ceux qui parlent pour ne rien dire ou qui parlent trop. Cette propension est encore désignée sous le nom évocateur de logorrhée, signifiant une sorte de diarrhée, verbale. D'accord avec vous, la comparaison n'est pas vraiment poétique.

Le bavardage quant à lui sert simplement à communiquer pour être en relation. C'est une façon d'utiliser son énergie que certains apprécient et d'autres honnissent. S'il y a des affinités, ce prélude verbal se transforme en un dialogue plus intime.

Pour rire et peut-être guérir de l'un ou l'autre de ces excès – trop de verbe ou trop de silence, je vous invite à découvrir ou redécouvrir ce sketch de Raymond Devos « Parler pour ne rien dire ».
https://www.youtube.com/watch?v=hz5xWgjSUlk
4

Parlons maintenant de ceux qui ne font rien :
Qui sont-ils ? Souvent des personnes manquant d'entrain, parfois des découragés, d'autres fois des êtres devenus paresseux par manque de sens, manque de motivation, ou d'accompagnement personnel dans une dynamique d'effort fructueux.

Dans la chanson « S'asseoir par terre » d'Alain Souchon, l'arrêt d'activité, le « ne plus rien faire » est engendré par une fatigue profonde, une fatigue de l'âme. L'être a besoin de faire une pause pour refaire le plein de motivation en choisissant la vie qu'il veut mener en accord avec ses valeurs, avec ce qui a un sens pour soi.
https://www.youtube.com/watch?v=cbVVesaQ96Y
5

Le personnage d'Oblomov dans le roman du XIXe siècle de l'écrivain russe Ivan Gontcharov est emblématique d'un profil psychologique apathique. http://www.dailymotion.com/video/x16t7vi_oblomov-3-mn_creation [6]

Retrouve-t-on de telles personnes dans la réalité ? Les échecs à répétition peuvent être une cause de découragement extrême, ou encore des traumatismes successifs peuvent grever l'énergie vitale, ce qui a pour effet d'annihiler l'engagement social normal, d'entraver le sens de l'existence.

Il arrive aussi que l'habitué du canapé d'un psy ou l'abonné aux consultations d'un médecin complaisant se fasse mettre en arrêt maladie, ou joue les prolongations, alors qu'il pourrait faire preuve d'un dynamisme plus bénéfique pour sa santé physique et morale.
L'extension du chômage a malheureusement exclu du marché du travail nombre de personnes étiquetées inaptes ou handicapées, qui pourraient en étant bien encadrées assurer des tâches simples à temps partiel. Il y a encore ceux qui ne montrent pas suffisamment de motivation pour remettre un pied à l'étrier. Travailler depuis les années 2000 demande plus de motivation et de compétences à cause d'une mise en concurrence importante sur les places vacantes. Cette situation artificielle, car issue de la méconnaissance humaine, est générée

par un fonctionnement sociétal qui semble créer autant, sinon plus, d'exclusion que d'intégration en comparaison avec le passé.

Le diktat inhumain de la rentabilité à tout crin est un facteur expliquant l'immobilisme professionnel, qui heureusement n'est pas systématiquement associé pour une personne donnée à une absence d'activité sociale dans un autre domaine.

A l'inverse il existe des peureux du Rien, des intolérants au Rien, les hyperactifs qui en font trop, ce qui contrebalance l'existence de ceux qui n'en font pas assez.

Exercice d'auto-observation :

Demandez-vous : quand je dis tout ce que je dis ou que je fais tout ce que je fais, est-ce que j'empêche une autre personne de dire ou d'agir ? Autrement formulé : est-ce que j'empiète sur les plates-bandes de quelqu'un d'autre en parlant ou en agissant à sa place ?

Exercice : la pause du rien

A deux ou plus, apprivoisez l'inaction en partageant un petit moment à ne rien faire ensemble. Observez comment vous le vivez et partagez vos impressions à l'issue de ce moment.

Q10 — Et ceux qui pensent « cela ne sert à rien » desservent-ils le Rien ?

— Effectivement. Il y a ceux qui ne disent rien et qui ne font rien parce qu'ils croient que ça ne sert à rien.
C'est l'aquaboniste de la chanson de Serge Gainsbourg interprétée par Jane Birkin
https://www.youtube.com/watch?v=4yo9Y0WRU-qc [7]
Tous les enseignants ont été confrontés au moins une fois dans leur carrière à des élèves démotivés ou prétextant qu'ils ne veulent pas travailler parce qu'ils pensent que ce qu'ils apprennent ne sert à rien.
Cette perception de l'utilité d'un apprentissage ou d'un objet est très relative à l'étendue de la conscience ou plutôt à l'étroitesse du champ de conscience d'une personne à un moment donné de sa vie.

En nous amusant avec un petit groupe de personnes à relever le défi d'inventer 100 trucs qui ne servent à rien, nous avons été confrontés à cette question : ce truc est-il vraiment inutile ou pourrait-il servir à quelque chose. « Un moulin à paroles » peut paraître inutile à une personne qui a besoin de silence, alors que cela peut être utile à un auteur en quête d'inspiration.
Beaucoup de choses sont utiles dans certains

contextes ou pour certaines personnes mais pas dans d'autres.

Q10 bis — D'où vous est venue l'idée paradoxale de lancer un défi qui ne sert à rien ?

— J'avais découvert sur Facebook, par le plus grand des hasards cosmiques, ou plutôt comiques, un groupe nommé « Le groupe qui sert à rien ». Il s'interrogeait sur son avenir, sur la pertinence de conserver son activité et son libellé. Alors par défi, par conviction ardente d'être porteuse de sens, j'ai eu envie de prouver que ce qui semble ne servir à rien est malgré tout utile. En même temps cela me semblait amusant.

J'ai donc proposé un défi qui ne sert à rien (quoique, on ne sait jamais, mais chut, restons discret...).

J'avais indiqué la consigne suivante : « Listez 100 inventions de trucs qui ne servent à rien. Il est préférable d'utiliser ses neurones plutôt que les moteurs de recherche mais comme personne n'ira vérifier...
Étant donné que nous sommes 143 dans ce groupe, ça fait moins d'une invention par personne, 0,69 exactement ». Oui je sais on fait dire n'importe quoi aux chiffres.
Nous avons relevé ce défi et même dépassé le seuil

de 100. J'ai bien ri derrière mon écran, j'ai pu observer que ma joie était partagée.

Je cite ici quelques unes de mes inventions :

- un filtre ou une passoire à rayon cosmique à installer devant son ordinateur pour éviter qu'il bogue. Artiste plasticien bienvenu pour le rendre esthétique et partager les royalties bien entendu. Pourcentage à négocier entre 90 % et 100 % pour moi.
- Un couteau à « tournevisser » les punaises.
- Un cheval d'arçon pour s'entraîner au rodéo.
- Un giratoire hélicoïdal pour éviter les embouteillages.
- Des lunettes sans verre.
- Un second œil dans le cyclone (c'est pas prouvé mais la probabilité de son existence est grande).
- Un masque de son propre visage.
- L'autoportrait de quelqu'un d'autre.
- Un « e » muet parlant.
- Le vecteur nul (merci à mon prof de maths de troisième), parce que si tu te déplaces d'un vecteur nul, c'est comme si tu ne faisais rien.
- Un buisson à bulles.
- Un filtre sans trou.
- Une lettre sans mot .

Une fois que nous avons atteint cet objectif plutôt surréaliste j'ai énoncé les avantages du *brainstorming* traduit en français par « tempête de cerveaux ». C'est le nom étrange de ce genre de pratique collective créative. Ces avantages qui concernent le processus restent vrais quel que soit le sujet pour lequel le groupe cherche des solutions. Une façon de démontrer que l'inutile peut s'avérer utile à un niveau invisible.

Ce type d'exercice :
- multiplie les connexions neuronales,
- augmente la créativité,
- libère l'esprit,
- amuse ou fait rire,
- rajeunit (grâce aux nouvelles connexions neuronales et au rire),
- c'est plus efficace que de prendre des pilules qui endorment le cerveau,
- démontre qu'un groupe de personnes motivées est capable d'atteindre un objectif même « inutile »,
- montre aussi que la motivation est distincte du support, du contenu.

Nous vivons une époque où règne une tyrannie de l'utilité, d'où la revendication de certains, souvent des artistes, que des choses ou des êtres puissent ne servir à rien.
On dit parfois des œuvres d'art, même si elles

embellissent la vie qu'elles ne servent à rien. C'est ignorer l'influence de la beauté sur notre vie, et la portée des messages symboliques que l'art exprime. Évidemment nous avons tous des goûts esthétiques différents. Il n'est pas nécessaire de se faire la guerre pour ça.

Ultimement, il y a ceux qui ont perdu le sens de leur existence parce que leur vie, leur univers se sont effondrés suite à une catastrophe, ou au décès de personnes chères.

En poussant le bouchon trop loin, on pourrait dire que tout ce n'est qui n'est pas vital, c'est à dire indispensable à la vie, ne sert à rien.

8- Le Rien et la Nature

Q11 — Existe-t-il quelque chose d'inutile dans la nature ?

— Les animaux ne font pas de choses inutiles, tout a une raison d'être relativement aux fonctions biologiques.

« La bave de crapaud n'empêche pas la caravane de passer ». Cette citation métaphorique du film « Les Tontons flingueurs » illustre bien la question du contexte relatif à l'utilité. Mais la bave de crapaud a une utilité biologique : le venin des glandes sous-cutanées et des pustules a pour fonction de protéger les crapauds contre les prédateurs. Il joue aussi un rôle antiseptique et antibiotique.

Dans notre société presque utilitariste à l'extrême et touchée par le chômage, on a vite fait de cataloguer une personne d'inutile quand elle n'a pas d'emploi défini. Cela n'existe pas dans la nature et contribue malheureusement à dévaloriser inutilement les êtres humains qui se retrouvent dans cette situation par ignorance de la façon dont ils peuvent contribuer à la société et par manque d'anticipation.

Les sentiments de dévalorisation et de culpabilité ne sont pas du tout efficaces pour trouver des solutions à un problème qui certes contient une part

individuelle, mais pas seulement, dans la mesure où
le chômage est un phénomène de société.

9- L'attachement au Rien, avidité et addiction

Q12 — Il existe aussi des personnes qui refusent de s'attacher aux possessions matérielles. Celles-ci honorent-elles le Rien ?

— Il y a ceux qui disent n'avoir besoin de rien. Si je vous affirme que l'attachement au Rien existe bien. Cela vous surprend-il ?

L'on peut s'habituer à posséder très peu de choses comme le font les moines, l'on peut s'habituer à être encombré par un tas d'objets inutiles que l'on ne ressent pas de joie à côtoyer ; comme l'on peut s'habituer à vivre dans l'opulence. La question est là : est-ce un choix ou un état de fait qui s'est installé à l'insu de votre plein gré ? Quelque chose qui vous fait lutter depuis des lustres ?

Être attaché au Rien peut signifier n'avoir pas eu le droit d'avoir ses désirs comblés, ne pas avoir le droit de demander, ne pas avoir la permission de réaliser ses aspirations.

N'ayant rien, on ne peut rien vous prendre. Ne rien posséder est alors une façon de conjurer une peur matérielle. La peur par anticipation du risque hypothétique de perdre. Ce qui permet d'éviter d'avoir à se confronter à la douleur d'une perte éventuelle.

Supposons qu'il devrait y avoir quelque chose, or il n'y a rien. A sa place : une souffrance ignorée. Si elle vient à être reconnue, ce qu'elle véhicule comme énergie va entraîner un mouvement pour combler le manque, pour aller du rien à ce qui est désiré.

Ceux qui possèdent très peu de choses, le minimum vital vivent donc avec un certain niveau de manque. C'est à partir de cette habitude de vie rendue consciente qu'un changement peut être envisagé. Le manque qui crée ou refoule de la souffrance est bien éloigné de l'harmonie.

L'avidité est l'un des visages du manque, comme s'il ne pouvait jamais être assouvi. Insatiable vide, sa sensation en creux que rien ne semble pouvoir combler. Avoir plus ne conduit pas à être plus.
Il est possible de projeter cette avidité dans le Rien pour annihiler ses effets dévastateurs.

L'addiction naît d'un vide insupportable, insoutenable, intenable. Le remplir est une nécessité pulsionnelle. Une perte s'est produite, d'une personne ou de quelque chose auquel l'être était attaché. Le propriétaire de cette souffrance, de cette plaie béante tente absurdement de la recoudre avec de l'alcool, du sexe, parfois même de la lecture. N'importe quoi lui donnant l'illusion de colmater la brèche, d'atténuer l'indicible souffrance du manque. Cette vacuité là n'a pas été reconnue, ni apprivoisée. Elle n'est absolument pas sereine. Elle est un cri silencieux qui n'est pas entendu. Elle s'avère destructrice à la longue ou pour le moins inefficace en ce qui concerne la guérison.

Il faut distinguer créer du rien – c'est à dire créer de l'espace disponible pour du renouveau, pour se régénérer – de perdre ou enlever. L'intention n'est pas la même, l'interprétation non plus. Une personne qui vit déjà le manque, si vous lui enlevez encore quelque chose, elle refusera, elle se défendra. Elle aura raison.
Il y a des périodes de la vie, souvent vers la fin d'un cycle, et bien sûr à la fin de la vie, où l'on doit pratiquer le détachement pour partir paisiblement. C'est une phase active de bilan pour se détacher des choses matérielles qui nous survivront, mais aussi de ces fils qui ont tissé vie et destin.

La très belle chanson de Noir désir « Le vent nous portera » évoque l'alliée souhaitable : la confiance absolue, indispensable pour accompagner, sans surcroît de souffrance, l'évanescence des attachements.
https://www.youtube.com/watch?v=NrgcRvBJYBE
8

Pour revenir à votre question, si une personne ne dit rien pour laisser son interlocuteur s'exprimer ou si elle ne fait rien pour faciliter l'action d'autres personnes, si c'est conscient et volontaire de sa part, alors oui, c'est une façon d'honorer le Rien. Sinon cela correspond aux problèmes que nous avons abordés précédemment.

10- Le déni et le rien

Q13 — Et les personnes qui prétendent qu'il n'y a rien, alors qu'il y a quelque chose ?

— Ce n'est pas vrai, je n'ai rien fait !
Le rien est souvent associé au déni : « Je n'ai rien fait, ce n'est pas moi. ».
Les enfants cherchent à esquiver par cette phrase tant galvaudée une éventuelle punition qui leur pend au bout du nez. Que dire des adultes ?
Certains se comportent exactement de la même façon, fuyant la confrontation avec leur responsabilité, notamment celle de réparer quand il y a eu dommage. C'est ainsi que naît l'impunité.

Le déni est dommageable, il dessert la justice. Or la justice comme la justesse contribuent à l'harmonie de la société.

Quant le « rien » vient rayer, effacer ce qui existe même en petite quantité, il n'est pas juste.
Il pêche par volonté abusive de suppression d'un petit quelque chose. Il pêche par défaut de reconnaissance d'un existant discret. Il s'avère dramatiquement délétère.
Dire à un enfant « tu ne sais pas lire » alors qu'il est en apprentissage de la lecture est d'une totale injustice et produit un effet qui va dans le sens

inverse de l'encourager au progrès. Rares sont les jeunes enfants qui ont un sens suffisamment fort du défi et de l'effort soutenu puisqu'ils sont en train de construire leurs compétences et leur personnalité.

Dire d'une personne qu'elle ne sert à rien revient à dire qu'elle ne possède aucune compétence utile à la société. Ce n'est jamais vrai. Supposons le cas extrême d'une personne handicapée qui ne serait vraiment capable de ne rien faire. Elle aurait le possible rôle complètement réceptif d'être choyée, aimée par une autre personne qui lui dispenserait son amour inconditionnel en prenant soin d'elle.
En dehors de ces situations exceptionnelles, la société moderne très technologique exige pour s'y adapter et y trouver sa place d'être capable d'acquérir, souvent rapidement, des compétences nouvelles et variées que les parents des jeunes adultes eux-mêmes ne maîtrisent souvent pas, qu'ils ignorent complètement parfois et dont ils se moquent voire même qu'ils refusent. C'est là que la compréhension, l'ouverture, le dialogue, la formation sont plus utiles (et indispensables) qu'un constat de relative inutilité.

Peut-on faire comme si de rien n'était et prendre pour modèle l'autruche, ce volatile qui a la célèbre réputation, d'ailleurs usurpée, de s'enfouir la tête dans le sable ?

Le jeu du déni est un jeu de pouvoir abusif auquel se livrent très souvent en public, sans arrière pensée, les hommes et les femmes politiques qui combattent le camp adverse. Pourtant nombre de problèmes réclameraient toute l'énergie disponible issue des bonnes volontés réunies pour être résolus. Ce qui permettrait de proposer un plus large éventail de solutions complémentaires.

Une raison d'être du déni, proche de celle d'échapper à la responsabilité et qui la sous-tend, est celle de vouloir échapper à la souffrance.
Quelque chose a existé qui m'a fait souffrir, ou qui menace mon équilibre actuel, je ne veux pas y penser pour ne plus être de nouveau confronté à cette souffrance (séparation, deuil, perte, altération de l'image de soi).
En tentant de m'opposer à une réalité menaçante, de la fuir, je cherche à échapper à un changement indésirable que j'ai subi.

Le déni porte sur des émotions authentiques, par exemple la plupart des garçons apprennent assez tôt dans leur vie à nier la peur et la souffrance : « même pas peur ! », « même pas mal ! ».
Le côté positif en résultant est un plus grand courage et une plus grande résistance, le côté négatif une prise de risque excessive qui parfois s'avère dangereuse voire destructrice.
Des émotions comme la colère, la tristesse, la joie,

ou encore la honte ou la fierté peuvent être niées c'est à dire interdites dans certaines familles.

L'intuition est une perception fine qui demande d'y être attentif et de lui faire confiance. Elle est souvent mise à mal par le déni. L'exemple le plus répandu est le peu d'intérêt porté aux rêves dans la culture occidentale.

Le déni qui s'oppose à la vérité est un comportement néfaste pour le santé mentale et peut par conséquent le devenir pour la santé physique par le stress qu'il occasionne.

Faire comme s'il n'y avait rien peut parfois malgré tout s'avérer utile. Ce n'est pas nier mais passer au dessus de ce qui aurait pu être un obstacle.

Enfin il est possible d'être dans le déni de quelque chose parce que l'on ne sait pas.
Ainsi je peux croire qu'une solution à un problème n'existe pas parce que je ne la connais pas encore ou que je n'imagine même pas qu'elle puisse exister. En réalité ne l'ayant pas entrevue puis connectée, je suis dans le déni de son existence.

Les astrophysiciens de la Nasa ont voulu en savoir plus sur la planète Vénus, mais les conditions extrêmes à la surface de cette planète rendent impossible l'atterrissage d'un module. Ils auraient pu renoncer mais ils ont conçu l'idée d'envoyer dans sa haute atmosphère des dirigeables habités. Un défi étonnant. De toute façon, il fera avancer l'expérience spatiale humaine.

Le déni par méconnaissance est fréquent dans le secteur de la santé : l'amélioration significative, ou mieux la guérison avérée de certaines maladies est peu connue, soit des médecins soit des personnes affectées de ce problème de santé. Résultat : les personnes continuent de subir la souffrance et l'angoisse alors qu'elles pourraient aller mieux.

11- Le Rien et la santé

Q14 — Le Rien est-il utile à la santé ?

— Le rien comme sas de décompression est indispensable. Pour se reposer, pour rêver, pour être tout simplement, sans vouloir à tout prix faire ou avoir. Ne rien chercher, ne rien vouloir, retrouver l'état d'être là tout simplement. À ne pas confondre avec la paresse. Il vient en contrepoint d'une vie laborieuse, trop contraignante ou trop dense menaçant la santé et diminuant l'espérance de vie.
Alors que la paresse est un état passif d'oisiveté, de laisser aller, d'absence d'action par défaut de motivation ou de sens, le rien volontaire est un état actif de passivité temporaire.

C'est une question d'équilibre. Il y a une analogie avec la médecine chinoise où l'équilibre, l'harmonie entre le plein et le vide sont le ressort de la santé.

Les phases de forte activité, éventuellement de dépassement de soi doivent alterner avec des phases plus calmes, en réalité de récupération.
Une fois « burn-outé » le repos devient obligatoire.
Le *burn out* est une maladie du siècle.

Faut-il en arriver à cette souffrance pour enfin être contraint et forcé de ne rien faire ?
L'hyper-activité use le corps plus qu'il ne le devrait et n'est pas systématiquement efficace.

Faut-il en arriver au *burn out* ? (Le contraire du feu sacré de Mick Jagger)
No limit, no satisfaction non plus.
Y a pas à dire, il a la pêche Mick Jagger pour son âge. *Get inspired !*
https://www.youtube.com/watch?v=poXvMBh-jSWk [9]

Oui mais voilà, il se donne beaucoup dans une activité qu'il aime et reçoit beaucoup en retour.

Un petit rappel : l'action juste c'est à dire bien posée et efficace au bon moment, est préférable à l'agitation-action dans tous les sens. On peut comparer cette agitation action ininterrompue et dispersée au « mouvement brownien », appellation non dénuée d'humour d'un de mes anciens professeur de chimie. C'est ainsi qu'il nommait nos agitations intempestives en classe. Si vous voulez en savoir plus sur le mouvement brownien :
http://fr.wikipedia.org/wiki/Mouvement_brownien [10]

Il y a une différence entre se sentir pleinement vivant et être hyper-actif. D'ailleurs c'est souvent parce que l'on n'est pas en *full contact* avec la conscience et le sentiment d'être pleinement vivant que l'on en fait trop comme pour compenser un excès de vide intérieur.

La nature elle-même, lorsqu'elle nous impose ses catastrophes dévastatrices, opère une sorte de nettoyage régénérateur. Le chaos crée alors du rien.

Exercice :

Donnez vous une demi-journée ou une journée sans rien faire, sans objectif particulier, ne prévoyez rien et laissez vous vivre cette journée de façon « *cool* » en accueillant ce qui se présente.

Ne craignez rien non plus car il est probable que cette journée se remplisse agréablement comme par enchantement !

12- La thérapie par le Rien

Q15 — Si le Rien est utile à la santé peut-on imaginer une thérapie du Rien ?

— Oui bien sûr. Il « suffit » de projeter ce qui est indésirable sur l'écran du Rien. Ramener un contenu psychologique au Rien ou au point zéro c'est reconnaître qu'il est plus encombrant qu'utile.

Un contenu psychologique indésirable est associé à une ou plusieurs émotions limitatives voire toxiques (comme la colère, la peur, ou encore la honte), elles-mêmes associées à un ou plusieurs comportements limitants (répétition de mauvaises habitudes). La peur par exemple entrave souvent un changement qui serait bénéfique. Concrètement il s'agit de se dépasser en prenant quelques risques progressifs dans le cadre d'un ou plusieurs objectifs définis.

Utiliser le mot rien peut-être thérapeutique : « ce serait nous quereller pour rien » indique la présence d'une tension qui pourrait s'avérer inutile.
« Mais je persifle pour rien » amoindrit, ou tend à annuler une critique que vous avez formulée.
« Mais je m'énerve pour rien » ou « je m'inquiète pour rien » permet la prise de conscience de l'état intérieur et le retour au calme.

A un autre niveau il peut s'agir de revenir au Rien, pour avoir vraiment le choix et suivre son énergie d'épanouissement.

Je m'arrête au cours de ma journée après avoir effectué une tâche, peu importe laquelle. Supposons que ce soit le week-end pour les personnes salariées qui ne décident pas de leur emploi du temps le reste de la semaine. Théoriquement et réellement j'ai de nombreux choix possibles pour ma prochaine séquence d'activité : je peux commencer ou poursuivre une activité créatrice, lire, aller me promener avec ou sans mon chien, regarder la télévision ou écouter la radio, effectuer une tâche ménagère, aller dans mon jardin pour y travailler ou non, téléphoner à un ami, répondre à mon courrier, prendre un rendez-vous de santé ou professionnel, me consacrer à mon passe-temps favori, faire du sport...

Faites un test sur une journée ou un week-end. Laissez vous le choix de séquence en séquence et observez ce qui se passe.

Nous procédons rarement ainsi car en début de journée ou la veille au soir nous avons souvent prévu une liste, routinière ou non, d'activités. Ce qui fait qu'on ne se laisse pas vivre les choses en suivant son énergie.

Saupoudrer du rien dans votre emploi du temps
Surtout s'il vous semble trop plein et si vous vous entendez dire « je n'ai pas le temps » pour des rencontres ou des activités qui vous font envie.

Créez dans votre emploi du temps hebdomadaire une ou plusieurs plages où rien n'est prévu. Vous aviserez sur le moment.

Créez les aussi dans votre agenda avec un espace vide.

Des plages de respiration, des espaces d'intuition, de rencontres imprévues, de contemplation de ce qui est beau autour de vous.

Il est parfois nécessaire de ne rien faire pour s'installer en réceptivité, ou laisser venir les résultats d'une action effectuée.

Pour une journée équilibrée il faut alterner de façon harmonieuse l'activité et la réceptivité. Ces cycles existent déjà avec l'alternance du jour et de la nuit mais ils sont aussi utiles en phase éveillée.

Chercher sans rien vouloir de précis
Une autre façon qu'a le rien d'être présent est d'engager de nouvelles actions sans s'occuper de la finalité, sans obligation de résultat.

C'est le cas de la recherche fondamentale qui cherche à explorer, à comprendre, à expérimenter sans s'attendre à quelque chose de précis, sans vouloir obtenir un résultat défini à l'avance. Cette démarche est paradoxalement celle qui a conduit à de nombreuses nouvelles applications utiles.

Par exemple en mathématiques, les progrès de la connaissance abstraite ont des retombées à de multiples niveaux, plus inattendus les uns que les autres. Le fonctionnement du GPS utilise des principes de la relativité générale d'Einstein qui elle-même a pu être développée grâce à l'apport des géométries non euclidiennes.

Vous trouvez d'autres exemples en suivant ce lien : http://blogs.mediapart.fr/edition/au-coeur-de-la-recherche/article/100510/chercher-sans-finaliser-cest-fondamental [11]

Ce « sans rien vouloir » ressemble à un chemin de hasard emprunté par un magicien malicieux qui délivre parfois des trésors inattendus.

Avoir le droit d'exister sans rien faire

Tout le monde y aspire plus ou moins secrètement. Seuls les bébés, les personnes très âgées ou handicapées y sont complètement autorisés. Là où l'œil ne distingue rien, il y a l'être ou la vie qui existe sans condition.

Pourtant ne rien faire du tout est-elle une aspiration réaliste pour un être humain ?

Non, nous devons en priorité répondre à nos besoins fondamentaux de survie animale : nous nourrir, nous protéger des dangers, nous reproduire, bouger...Et contribuer à la société.

Mais revenir pour une courte période à cet état de

vie passive ou végétative constitue un repos absolu, une forme de ressourcement de l'être qui devient incontournable quand nous sommes malades.

Pour ceux qui font beaucoup d'efforts avec peu de résultats

Parfois l'on fait de nombreuses actions successives qui semblent adaptées et positives mais les résultats ne sont pas au rendez-vous. Cela peut sembler injuste, comparé à d'autres personnes ou même irrationnel.

Il faut alors cesser d'agir temporairement pour ne faire que le minimum d'actions au quotidien et mener une recherche intérieure, un questionnement de soi.

Il s'agit de vivre un temps spécial pour se laisser recevoir et cultiver la confiance inconditionnelle.

Cela peut sembler étrange mais ce qui se passe alors relève non pas du niveau matériel mais d'un niveau énergétique intangible. Il faut l'expérimenter pour le vivre et y croire.

Essayez... de toutes façons vous y gagnerez au moins du repos.

Il arrive aussi qu'un travail apparemment infructueux donne des résultats inattendus qui se révèlent tôt ou tard.

Pour changer de vie quand le renouveau s'avère nécessaire, faire du Rien en soi

Il y a cette tendance émergente dans les années

2000 à vouloir vivre autre chose, à désirer changer de vie. Mais pour que cela soit possible il faut que les anciennes façons d'être, de penser et de faire, retournent au point zéro. Et que d'autres formes de comportement s'installent.

On peut ramener certains aspects de son identité au « Rien » on libère un plus grand nombre de possibilités. Par exemple pour changer d'activité professionnelle, si je suis informaticien-ne, si je suis technicien-ne, si je suis secrétaire, si je suis enseignant-e, etc.., m'arrêter à « je suis » est limitatif car je suis en réalité un être multi-compétent capable d'apprendre et de développer différentes facettes de ma personnalité, différentes compétences, différentes identités. Il s'agit aussi d'accepter de sortir de sa zone de confort.

Exercice :
Qu'est-ce que j'ai à ramener au Rien ? Un comportement inadapté qui me limite ? Si je ramène l'interdit et la peur qui les sous-tendent au Rien, je retrouve de la souplesse et de la liberté dans mes agissements.

Par exemple si je porte une blessure de rejet, je vais peut-être interpréter certaines paroles ou absences comme la projection d'un non-désir de ma présence.

Utiliser le Rien ou le vide pour créer

La création semble surgir du Rien et se régénérer dans une phase de vide. Le vide faisant suite à une cogitation intense sur un problème.

C'est un vide relatif, on fait autre chose ou on part faire du sport, se promener ; on laisse plutôt mijoter le problème dans les replis de l'inconscient.

Il existe des activités pour cultiver le Rien

Telles que la méditation, la relaxation, les arts pratiqués en état de méditation.
Voici une vidéo sur les bienfaits de la méditation.
https://www.youtube.com/watch?v=B_kJ7D-rNoo
12

Mais la méditation et la relaxation ont aussi des effets bénéfiques non seulement sur la paix intérieure mais aussi sur la santé physique.

Arrêter tout simplement tout activité pour se mettre en état de réceptivité. Faire une pause courte ou longue ou encore ralentir son rythme pour se rendre compte de ses actions automatiques et de sa façon de fonctionner. Puis la remettre en question.
Nous faisons beaucoup d'actions par répétition inconsciente. Tiens je m'apprête à réaliser cette action, pourquoi ? Pourrais-je la faire autrement ? Puis-je la rendre plus facile ou plus agréable ?

Ne rien faire induit le risque excessif de devenir oisif pour ne pas dire fainéant

« L'oisiveté est la mère de tous les vices » dit la maxime populaire.

Pratiquer le Rien avec un but d'élévation spirituelle ou de rééquilibrage, n'a rien à voir avec ne rien vouloir faire, ou être fainéant.

Se sentir réduit ou acculé à ne rien faire peut s'imposer par manque d'occupation porteuse de sens, par méconnaissance de son talent, ou par manque d'imagination. Il y a alors intérêt à se pencher sur ces causes pour apprendre à développer ses qualités, ou demander de l'aide pour retrouver de la motivation et un certain plaisir à utiliser son temps, à contribuer au monde.

Dans ce cas c'est réduire l'existence à un état végétatif. Certaines personnes n'ont hélas pas le choix et nous enseignent combien la vie en soi est la base de toute activité et de toute destinée humaine.

Il faut donc cultiver le « rien faire » avec parcimonie, l'accepter le plus sereinement du monde quand on n'a pas le choix, il a une raison d'être, même si nous ne la comprenons pas a priori.

13- Les sages et la quête du Rien

Q16 — Le Rien est donc utile en thérapie et en développement personnel. Mais pourquoi les sages de divers horizons le recherchent-ils dans leur quête ?

— Le Rien est pour le commun des mortels un point de départ et non une fin en soi. Cependant comme l'exprime l'humoriste Pierre Dac : « Si tu pars de rien et que tu n'arrives à rien, tu ne dois rien à personne ».
Il est courant d'entendre dire que beaucoup de personnes ayant bien réussi dans la vie sont parties de rien.

L'expression « partir de rien » crée une certaine illusion, elle alimente la croyance erronée d'une création *ex nihilo*. Or c'est faux. On crée toujours a partir de quelque chose, de soi, de connaissances antérieures, de moyens qui sont à notre disposition et surtout d'un désir de réalisation et d'une vision d'avenir. Il faut aussi une bonne dose de confiance en soi – ou d'absence de peurs, pour se lancer dans l'inconnu avec la certitude absolue d'atteindre son but.

A l'opposé du mouvement général vers l'enrichissement, les sages, ces êtres détachés des biens et préoccupations matérielles s'orientent vers le dénuement et recherchent le Rien. Ils se déconditionnent, font le vide. Dans ce vide relatif il leur devient possible de découvrir des connaissances universelles ou d'accueillir le monde.

Exercice méditatif :
Installez-vous dans une position confortable et tranquillement imaginez-vous avant votre naissance ou après votre mort.
Percevez-vous quelque chose ?

C'est difficile ou inhabituel de penser qu'avant d'exister nous n'étions rien et qu'après notre vie nous ne serons rien. Nous sommes nés de la rencontre – amoureuse ou non – entre deux êtres, de leur réunion, de la fusion de deux de leurs cellules. Avant cette rencontre nous n'étions rien ou une conscience immatérielle pour ceux qui croient en Dieu ou en la réincarnation.

Tout se passe comme si nous surgissions du Rien ou du grand Tout universel pour y retourner. Est-ce angoissant pour vous d'envisager cette idée ?
Certains sages évoquent l'éveil comme précisément cette capacité à se laisser glisser dans le vide, en laissant définitivement l'angoisse existentielle au bord d'un gouffre béant qui ne contient rien.

Alors faut il comprendre le rien comme un espace vacant ?

Le réceptacle de la conscience peut se remplir de contenus de pensées : de toutes sortes, des préoccupations quotidiennes (que vais-je cuisiner ce midi ?), d'idées noires (il y a tant de choses qui ne tournent pas rond dans le monde), d'idées positives (l'Homme a inventé des choses merveilleuses), d'idées appartenant à des personnes autres que vous, de toutes sortes d'émotions ou d'images. Qui est vraiment libre de choisir ce qu'il met dans cet espace ? S'agit-il de n'y mettre rien ou de ne rien y retenir ?

Il existe un concept spirituel du bouddhisme zen qui se nomme la vacuité et semble proche du rien. Et là surprise, il n'y a pas rien mais quelque chose. Dix-huit items différents sont répertoriés dans la vacuité !
http://fr.wikipedia.org/wiki/%C5%9A%C5%AB-nyat%C4%81 [13]

Il y a cette idée majeure que toute chose dépend des autres pour exister. Tout est par nature interdépendant et donc vide d'existence propre. Sans les autres existerions-nous ? Sans la terre existerions-nous ? Sans l'air ? Sans le soleil ?
Bien sûr que non.
Nous trouvons aussi un autre aspect de la vacuité un peu paradoxal qui rejoint la notion d'espace

vacant : quand quelque chose est en perpétuelle évolution, dénué de tout élément permanent et stable, on peut aussi dire de lui qu'il est « vide ».

Les vrais sages prônent une grande liberté, probablement le stade le plus avancé de liberté auquel l'Homme peut aspirer. Ils refusent les influences ou pressions disharmonieuses que l'on exerce consciemment ou inconsciemment sur les autres. Paradoxalement cette quête les conduit à une discipline très stricte vis à vis d'eux-mêmes et des autres. Il ne s'agit pas de pseudo spiritualité, mais de spiritualité authentique dans le cadre du Yoga ou du bouddhisme par exemple.

Pour certains sages le « non agir » qui revient d'une certaine façon à ne rien faire, consiste à laisser l'autre complètement libre en n'exerçant aucune pression, aucune stimulation, aucun conseil. Avec ce genre de sage il ne se passe rien. Vous lui posez une question et vous trouvez vous-même la réponse, ou vous repartez sans réponse, frustré.
Vous vous trouvez devant votre propre libre arbitre, face à vos propres choix. Le rien ne conduit nulle part et ne cherche rien, vous n'avez rien à en attendre. C'est très spécial. La résultat final doit s'avérer extrêmement apaisant mais avant d'y accéder vous pouvez vivre l'énervement suprême !

Exercice méditatif :

Essayez de ne penser à rien.

Réussir à ne penser à rien est un défi en soi car ce n'est pas facile. Notre tête est souvent en proie à de nombreuses pensées qu'elle ne contrôle pas facilement.

Se relaxer en lâchant prise momentanément, ne rien chercher, ne rien vouloir pendant quelques instants. Ne penser à rien procure beaucoup de bienfaits.

La quête des sages vise à un déconditionnement personnel mais aussi culturel vers une plus grande liberté. D'où le fait que de tels sages sont souvent perçus comme des rebelles. Le détachement des sages peut faire envie mais peur aussi.

Le commun des mortels est tellement attaché à ses idées qu'il s'identifie à elles. Pour certaines personnes renoncer à une idée, à une certitude, même entravante, représente un danger potentiellement mortel. D'ailleurs certaines personnes préfèrent mourir que de renoncer à certaines de leurs idées.

En réalité c'est une évidence d'affirmer qu'au cours de l'Histoire les idées humaines ont beaucoup évolué. Tout le monde admet que la terre est ronde et qu'elle tourne autour du soleil. Tout le monde a adopté l'usage du téléphone. Les livres existent à présent sans support papier avec le format numérique. Certains acceptent bien l'idée d'avoir des

amis virtuels qu'ils ne rencontreront peut-être jamais.

Souvent indésirables, les sages vivent en marge de
la société sauf quand ils apportent une aide
concrète à certains êtres en détresse du fait de leur
connaissance approfondie de l'âme humaine.
Leur comportement consiste à ne rien chercher, ne
rien vouloir, simplement être complètement présent dans l'instant et bien sûr faire ce qu'il y a à
faire au quotidien.
Le détachement du sage réalisé est tel qu'il n'est
pas dépendant de la pression extérieure de la part
de ses pairs, que ce soit en soumission ou en rébel-
lion, celle-ci est librement consentie, complètement
intégrée. Il a également dépassé ses diverses peurs,
y compris celle de mourir.

La quête du Rien peut s'avérer dangereuse

Le déconditionnement peut s'avérer dangereux
pour l'équilibre psychologique. Cela revient d'une
certaine façon à ne plus vivre sous exigence ou
condition de quelque chose. Il n'y a plus à être fort
ou à être gentil ou à être le meilleur, ou à gagner de
l'argent ; toutes ces motivations qui ont conduit à
certains comportements se dissolvent. C'est le prix
d'une certaine liberté intérieure qui s'accompagne
aussi de la disparition de l'angoisse liée à la mort et
d'une confiance absolue en la vie jusqu'à son terme.
Mais perdre les ressorts qui avaient apporté un cer-

tain sens à la vie jusqu'ici sans y être préparé et sans accompagnement spirituel sérieux peut conduire à un esprit à la dépression ou à une déconnexion de la réalité.

Le rien est-il un passage obligé ou une nécessité de s'y intéresser ?

Être confronté à la réalité du Rien dans votre vie présente peut s'avérer très déprimant et angoissant pour l'ego. Il faut posséder des qualités de solidité, de force intérieure suffisante pour faire face au Rien. Mais c'est aussi au delà de cette dimension restreinte de l'être identifié à sa personnalité que peut s'installer une dimension et un sens plus vaste, au delà de la transmission familiale, vers un cercle plus large d'êtres humains pour une période plus longue que la durée de vie. C'est la destinée des artistes et de tous les hommes et des femmes qui laisseront une trace après leur mort.

Dans la mesure où la mort du corps physique est une forme de retour à un rien que certains pensent absolu et d'autres spirituel, il semble opportun de l'apprivoiser avant ce passage.

Supposons que le rien n'existe pas

Qu'est-ce que cela aurait comme conséquence ? Que je ne suis pas seul dans ce monde – que quelqu'un veille sur moi, un ange gardien ou Dieu, que je peux percevoir une invisible présence à mes côtés.

Mais aussi que les esprits des êtres chers de ma famille, des ancêtres ou pourquoi pas d'autres,
peuvent me rendre quelques visites de courtoisie et
m'indiquer quelque chemin à suivre, ou me transmettre des informations prémonitoires... Il n'y aurait alors pas rien après la mort et avant la vie...

14- Éros et Thanatos

Q17 — La quête du Rien ramène-t-elle aux fondamentaux de notre existence : la vie et la mort ?

— Oui, la quête du rien amène à se rapprocher de l'essentiel, des fondamentaux de l'être humain, de ce qui reste quand on a enlevé les différentes couches de l'oignon !
La pelure, la pellicule la plus externe a cependant une utilité certaine, puisqu'elle protège le bulbe.

Que reste-t-il quand il n'y a rien, plus rien, plus rien d'encombrant, plus rien de superflu, plus rien de culturel, plus rien de personnel, plus de charge émotionnelle attachée aux mauvais souvenirs que l'on a voulu oublier ?

Il ne reste que ce qui est strictement indispensable à la vie.
Il reste le début et la fin d'une existence animale avec au milieu le déroulement ordinaire de la vie.

La pulsion de vie, l'élan de vie commun à toute vie. La vie est programmée pour se terminer. C'est pour aller au delà de cette fin que nous nous reproduisons et transmettons notre savoir aux générations suivantes.

Tout ce qui prend soin de la vie, la protège, l'encourage dans son évolution positive, l'aide à s'épanouir ; tout ce qui construit, qui aide à grandir est Amour et favorise la pulsion de vie. On parle aussi d'Éros. Éros est le dieu de l'Amour et de la puissance créatrice dans la mythologie grecque.
http://fr.wikipedia.org/wiki/%C3%89ros [14]

Au contraire tout ce qui produit de la souffrance, parole comme acte, tout ce qui détruit, favorise la pulsion de mort.
Dans la mythologie grecque, Thanatos est la personnification de la Mort.
http://fr.wikipedia.org/wiki/Thanatos [15]

La nature aussi dans ce qu'elle manifeste de vie animale et végétale exubérante incarne la pulsion de vie et ses cataclysmes illustrent la pulsion de mort. La pulsion de vie reprend toujours le dessus, la végétation reprend ses droits avec l'apparition successive de différentes espèces après un incendie de forêt. Ce qui amène les êtres humains à être solidaires et à reconstruire après un raz-de-marée relève des forces de l'Éros.

http://www.courrierinternational.com/article/2014/12/26/dix-ans-apres-le-tsunami-la-province-d-aceh-a-fait-la-paix-avec-l-eau [16]

Ces deux tendances présentes en chacun des êtres humains s'affrontent continuellement le plus souvent inconsciemment à l'échelle individuelle et à l'échelle collective des groupes et des pays. Dans les pays en paix la pulsion de vie prédomine à l'inverse des pays en guerre.

Le prix Nobel de la Paix
http://www.lemonde.fr/videos/video/2014/10/10/le-nobel-de-la-paix-un-prix-convoite-et-parfois-critique_4503021_1669088.html [17]

Chansons pour la paix :
Francis Lalanne
https://www.youtube.com/watch?v=ECgtmauWjEI
[18]

Jean Ferrat
https://www.youtube.com/watch?v=IuCR2zkJ-a8
[19]

Elles s'expriment et dialoguent dans la littérature et dans l'Art en général. Les films qui illustrent le mieux les deux tendances à l'œuvre dans des scénarios paroxystiques sont les films catastrophes où la fin du monde est annoncée. Ils sont de la même essence que l'histoire de l'arche de Noé.

Interstellar, un autre film où la terre est menacée. https://www.youtube.com/watch?v=fjvGT86jD04 [20]

A chaque fois nous sommes tenus en haleine, parfois emplis d'excitation portée par un suspens bien mené ; fébriles nous souhaitons ardemment savoir qui va l'emporter d'Éros ou de Thanatos et si l'humanité sera sauvée. L'optimiste est persuadé que tout finira bien et le pessimiste que tout finira mal.

Pourquoi le désir de vie présent au début de toute vie est-il susceptible de se métamorphoser en son contraire, la pulsion de mort ?

Ces deux tendances de base sont rarement clairement consciemment identifiées de façon distincte et l'une peut prendre le pas sur l'autre à l'insu de l'acteur. Un père aime son enfant, or il crie violemment après lui ou le frappe pour obtenir qu'il lui obéisse.

A-t-il conscience qu'il pourrait s'y prendre autrement ? Répète-t-il aveuglément sa propre éducation ?

Comment le désir vital initial est-il susceptible de se métamorphoser en son contraire?

L'intention peut être a priori positive, ici éduquer et protéger son enfant, mais la façon de s'y prendre totalement inadéquate en regard de l'intention initiale.

Florence Foresti, sketch « Les enfants »
https://www.dailymotion.com/video/x207zyv
21

Un groupe veut convaincre, imposer ses idées, ses choix, ses modes de vie à un autre, au prix de la coercition, de la manipulation, du chantage, de la menace et à l'extrême de la violence. Il peut en arriver à haïr son opposant voire à le tuer.

Au moment où j'écris cet essai en janvier 2015, en France, l'équipe du journal Charlie Hebdo vient d'être décimée par un groupuscule terroriste.

Si leur désir, leur volonté, leurs idées ne peuvent se concrétiser, certaines personnes peuvent en arriver à vouloir détruire celui ou ceux qui s'y opposent et dans un acte de folie délétère passer à l'action meurtrière.

Il manque alors une barrière mentale ou un cadenas légal suffisamment solides pour exclure ce passage à l'acte destructeur quel que soit le désaccord.

Il manque aussi une éducation à la tolérance et à la recherche de médiations pacifiques.

C'est ainsi qu'on peut passer de l'amour à la haine, et vice versa.

Je t'aime, je te haime, je te hais et dans l'autre sens je te hais, je te haime, je t'aime.

Certaines situations comportent des tensions conflictuelles extrêmes entre les tendances vitales et mortifères. Il faut un certain héroïsme pour y survivre car ces choix sont difficiles quand ils engendrent, quelle que soit l'option retenue, des conséquences indésirables ou douloureuses.

Un dilemme cornélien est une expression utilisée en littérature française, impliquant la notion d'un choix impossible entre deux valeurs tout aussi importantes et estimables l'une que l'autre, à savoir le devoir d'un côté, et l'amour de l'autre. Dans la fameuse pièce classique de Pierre Corneille « Le Cid », le héros Don Rodrigue doit choisir entre l'amour pour sa dulcinée Chimène ou tuer le père de celle-ci pour venger son propre père.
Dans le roman « Le choix de Sophie » de l'écrivain William Styron, il s'agit d'une mère qui doit choisir entre deux de ses enfants. Dans certains divorces cela peut être le choix imposé aux enfants de choisir entre vivre avec leur père ou avec leur mère.

La pulsion de vie peut être soutenue par la foi comme dans ce texte de l'Abbé Pierre :

Je continuerai...
> Je continuerai à croire, même si tout le monde perd espoir.
> Je continuerai à aimer, même si les autres distillent la haine.
> Je continuerai à construire, même si les autres détruisent.
> Je continuerai à parler de paix, même au milieu d'une guerre.

Je continuerai à illuminer, même au milieu de l'obscurité.

Je continuerai à semer, même si les autres piétinent la récolte.

Et je continuerai à crier, même si les autres se taisent.

Et je dessinerai des sourires sur des visages en larmes.

Et j'apporterai le soulagement, quand on verra la douleur.

Et j'offrirai des motifs de joie là où il n'y a que tristesse.

J'inviterai à marcher celui qui a décidé de s'arrêter...

Et je tendrai les bras à ceux qui se sentent épuisés.

Thanatos, le désir de la mort d'autrui, prend aussi la forme du désir de mort de soi pour soi. L'amour de soi vacille telle la flamme d'une bougie prête à s'éteindre. Tout ce qui dans la relation et la communication renvoie au message « tu n'existes pas », réactive le sentiment que sa propre existence est négligeable.

La sur-existence actuelle des médias exprimerait-elle une angoisse de ne pas exister compensée par une hyper-présence ?

Question d'équilibre : pendant que certains sous-existent, d'autres sur-existent.

Quelle différence entre le désir et la motivation ?
La pulsion de vie, l'origine de toute motivation est susceptible d'alimenter beaucoup de formes différentes.

Pourquoi une forme plutôt qu'une autre ?

Les parents, les tuteurs et les enseignants canalisent le désir de l'enfant. Un goût partagé dans l'amour va transmettre une belle motivation. Le résultat obtenu après l'action va valider la motivation. Si le résultat espéré n'est pas là ou insuffisant, la motivation sera affaiblie sans le soutien de la remise en question et de la persévérance.

Un désir enfantin, graphique, musical, manuel, physique..., reconnu, encouragé, canalisé, va pouvoir se réaliser positivement dans un projet, et produire un résultat satisfaisant accompagné de joie à l'arrivée.

Quoi qu'il en soit, il faut se rappeler l'existence du libre arbitre et la capacité que chacun a de l'exercer. Le libre arbitre c'est d'avoir le choix à tout instant et quoiqu'il advienne entre des pensées d'amour ou de haine, entre des actions constructives ou destructives.

15- L'utilité du Rien

Q18 — Pour conclure voulez vous résumer en quoi le Rien nous est utile pour ne pas dire indispensable ?

— Un espace où l'on ne connaît rien ou peu de chose, où l'on n'a pas d'information, à propos d'une époque, d'un personnage, d'un lieu, d'un savoir-faire est un champ vierge où l'imagination peut s'engouffrer et où l'exploration et la découverte sont permises.

En réalité il est difficile de trouver quelque chose qui ne serve vraiment absolument à rien ; peut-être des gadgets superflus qui nous encombrent. Dans tous les cas il existe beaucoup d'objets en double, en triple... qui ont une fonction similaire.

Dans la nature il y a beaucoup d'espèces vivantes et même celles que l'Homme n'utilise pas directement pour se nourrir ou prendre soin de lui, font partie de l'écosystème global et y ont leur place. Toutefois les dinosaures, s'ils étaient encore là, nous poseraient de sérieux problèmes.

Le Rien peut-être considéré comme un écran vide sur lequel on peut toujours projeter un nouveau film ou une nouvelle réalité dont nous avons besoin.

« Rien » est aussi la réponse à une devinette qui cir-
cule beaucoup depuis le début des années 2000
(notamment dans la série de livres sur les dieux de
Bernard Werber) :

> « Qu'est ce qui est mieux que Dieu,
> pire que le diable,
> les pauvres en ont,
> les riches en ont besoin,
> si on en mange, on meurt ? »

16- La semaine du Rien

— Oui. Je veux ajouter une proposition : organiser une « semaine du Rien ».
L'idée semble a priori un peu « déjantée » et pour le moins ludique mais elle est digne de considération.

Interviewer — Que se passerait-il pendant cette semaine ?

— Et bien ce serait l'occasion de faire du tri et du vide chez soi, d'aider ceux qui n'ont rien, de créer des œuvres sur ce thème pour les artistes, d'aérer les emploi du temps, de ralentir le rythme dans les entreprises, de prendre le temps de réfléchir à la mort ou à l'après-vie...

Imaginez une pause pour sortir de votre train-train habituel. L'occasion de prendre en considération ceux qui sont dans la détresse, ceux qui ne possèdent rien ou insuffisamment pour vivre décemment.
Vous pourrez aller à leur rencontre. Pour certains la demande d'aide est très difficile car ils sont intimement convaincus, du fait de leurs expériences de vie malheureuses et décevantes, que personne ne peut

"

les aider ; ils ne sollicitent donc pas l'aide dont ils auraient besoin. Une attention, et une communication spéciale pourraient leur être accordées au cours de cette semaine particulière.

Dans les entreprises il y aurait possibilité de ralentir le rythme ou d'augmenter les pauses, de réfléchir à d'autres types de production plus orientées qualité que quantité.

Les artistes de toutes sortes peintres, sculpteurs, poètes, écrivains, metteurs en scène, cinéastes... exposeraient leurs créations sur cette thématique, des œuvres évoquant le Rien sous différents aspects.

Œuvre du compositeur John Cage : 4'33"
https://www.youtube.com/watch?v=JTEFKFiXSx4
22

Interviewer — Merci chère Patricia Fosse de nous avoir fait partager votre réflexion sur ce thème insolite.
— Merci à vous pour votre attention. Et pour terminer :

Un rien de gratitude

Pour les moments où je me sens bon à rien
où m'est donnée l'occasion de me poser la question
à quoi aimerais-je être bon ?
Merci

Pour ceux qui ne font rien
alors que d'autres en font trop
pour l'équilibre préservé
Merci

Pour les moments où je ne fais rien
qui permettent à mon corps
et à mon esprit de récupérer
Merci

Pour les terres en jachère
havres et repères d'animaux en liberté
Merci

Pour les moments où j'ai pensé
que mes actions ne servaient à rien
tout en persévérant
Merci

Pour le Rien qui existe
permettant au Tout
d'exister
Merci

Pour ceux qui parlent pour ne rien dire
alors que d'autres ne disent rien tout en exprimant
beaucoup
Merci

Pour ceux qui vivent une vie vide
en attendant qu'un rien la remplisse
Merci

What else ?
Nothing, nichts, nada, ничего...

17- Annexe : créer, s'amuser, lire et rire à propos du Rien

« Le groupe qui sert à rien » sur Facebook avait été créé en 2014, porté par un grand élan inexplicable l'année précédant l'édition de ce livre. Mais il n'en reste presque plus rien. Le Rien a eu raison de lui, à moins que ce soit le Tout. A y regarder de plus près, pas du tout, l'idée a essaimé ; il y a plusieurs groupes de ce genre. Allez-y, si le cœur vous en dit.

Un lien qui ne mène nulle part (testez si vous ne me croyez pas)
http://www.lerien.fr 23

Citations
S'il m'arrive de dire qu'il n'y a rien au fond de mon cœur il n'en reste pas moins plein.

Quand je pense à tout ce que j'ai fait pour arriver à rien, peut-être qu'à force de ne rien faire j'arriverai à quelque chose.

« Une vie ne vaut rien, mais rien ne vaut une vie. »
André Malraux

« Rien ne se perd, rien ne se crée, tout se transforme. »
Lavoisier

Questions sur la métaphysique du Rien pour ceux qui ont encore quelques neurones disponibles :

Penses-tu qu'une somme de petits riens pèse moins lourd qu'un gros rien ?

« Pour toi, le Rien est-il le Tout divisé par lui-même ? Ou retranché de lui-même ? Ou élevé au carré et divisé au cube ? Ou... bien j'en sais rien de rie de ri de r de ... » (Armand Poursin)

Exercice d'écriture :
Écrire 3 phrases successives contenant le mot « rien ».

On a reproché au président de la République de ne rien dire (lors d'une récente conférence de presse). Rien de nouveau s'entend. Je précise que ce propos n'a rien de politique.

Nous nous sommes fâchés pour rien. Et maintenant il n'y a plus rien entre nous. Rien que des souvenirs flous.

« Rien n'est plus beau que ton regard. Rien ne s'affole plus que mon cœur. Rien ne compte plus que cet instant ».
(Nicolas Tison)

Il résulte de cette expérience qu'un rien est long à épuiser surtout avec une épuisette. Avec ma petite épuisette je n'ai pas attrapé de crevette, ni de papillon, absolument rien. Épuisée et affamée j'ai appelé ma sœur Anne lui posant cette question très pertinente mais pourtant rarement utilisée en coaching : Anne, ma sœur Anne ne vois-tu rien venir ?

Chansonnette :

Toi, tu me dis que Tout
a déjà été écrit
sur le Rien du tout
di doo, di doo, di doo

Nouvette :

(une nouvette est le résultat du croisement entre une nouvelle et une devinette) :

Ils n'espéraient plus rien
ils ne faisaient rien
Devinez ce qui s'est passé ?

Un peu de poésie qui « ne sert à rien » :

Mauvaises herbes

Pourquoi laisser en ton jardin
Ortie, mauve, ronce et plantain ?

Le vent te souffle la réponse,
Mauve, plantain, ortie et ronce !

Les chenilles ont pour amies,
Plantain, ronce, mauve et ortie !

Si tu m'écoutes et que tu sauves
Ronce, plantain, ortie et mauve,

Ces humbles plantes te feront,
un grand bouquet de Papillons !

(Jacques Laborel)

Un hommage à ceux qui parlent pour ne rien dire :

Je plains le pauvre poète qui au pied du palétuvier,
sous une pluie diluvienne, les pieds dans l'eau, a ou-
blié son vers d'eau.

Bibliographie :

Pour approfondir du côté de la Philosophie :
– « L'être et le néant » de Jean-Paul Sartre aux Édi-
tions Gallimard.
Une démonstration du libre arbitre de l'être
http://www.amazon.fr/Lêtre-néant-Jean-Paul-
Sartre/dp/2070293882/ [24]

– « A propos de rien » de Serge Druon aux Éditions
Edilivre 2012.
Serge Druon fait du Rien l'origine de la logique,
c'est-à-dire, selon lui, l'origine du temps et de l'imagination. Il ajoute que c'est en contradiction à 'rien'
qu'apparaît l'être, la naissance.
http://www.edilivre.com/a-propos-de-rien-serge-
druon.html#.VMOTPCxwuoU [25]

– « Essai sur le rien » de Yannick Courtel aux Éditions Presses Universitaires de Strasbourg.
Il faut imaginer un tact dans l'usage des concepts
tout à fait nécessaire à cette très délicate approche
du Rien.

– « Invitations philosophiques à la pensée du rien »
de Jean-Paul Galibert aux Éditions Léo Scheer.
Penser le rien, c'est penser le vide qui hante ce
monde ; vide qui, du sentiment du peu d'existence
de toute chose, conduit à la sensation d'inexistence
de soi. Mais cette pensée du rien est aussi une pen-

sée jubilatoire qui peut, comme ici, renverser avec allégresse les murailles invisibles du sens commun.

Il y a quatre formes de rien, parce qu'il y a quatre voies principales pour la totalité des possibles qui s'ouvrent : être, ne pas être, être et ne pas être, ou ni être ni ne pas être.
Ces quatre grands riens sont respectivement l'être, le néant, le monde et le réel.
http://www.amazon.fr/Invitations-philoso-phiques-%C3%A0-pens%C3%A9e-rien/dp/2849380040 [26]

Du côté de la Littérature :
– « Éloge du rien » de Christian Bobin aux Éditions Fata Morgana.
Une méditation poétique autour du rien.
http://www.amazon.fr/Eloge-du-rien-Christian-Bobin/dp/2851940376/ [27]

– « Presque rien sur presque tout » de Jean d'Ormesson aux Éditions Folio.
http://www.amazon.fr/Presque-rien-sur-presque-tout/dp/2070403971/ [28]

Du côté du développement personnel :
– « Ces petits riens qui changent tout » de Terkel Susan et Terkel Larry aux Éditions Leduc.
http://www.amazon.fr/Ces-petits-riens-changent-tout/dp/2848995645/ [29]

18- Post-printum

Le rien confronte à l'absurde et de cette confrontation libératrice doit émerger, *in fine*, plus de sens et de cohérence.

ooooo

Index des questions

Du même auteur

<u>Comment vous épanouir grâce
à vos rêves</u>

en versions brochée
et numérique

<u>Coachez-vous avec le
bilan personnel annuel</u>

en version numérique

<u>Les chroniques
du développement
personnel</u>

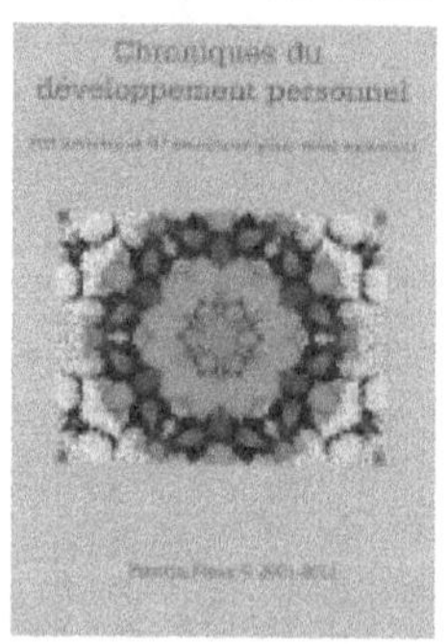

en version numérique

Mieux qu'un objectif un défi !

en version numérique

La gratitude clé du bonheur
Les effets bénéfiques

en version numérique

La gratitude clé du bonheur

en version brochée aux Éditions
« Recto Verseau »

<u>102 exercices de flash relaxation</u>

en version brochée aux Éditions
« Recto Verseau »

Codes

9   10

11   12

13   14

15   16

25 26

27 28

29